LES TUNIQUES BLEUES
N°11 DES BLEUS EN NOIR ET BLANC
N°12 LES BLEUS TOURNENT COSAQUES
N°13 LES BLEUS DANS LA GADOUE
N°14 LE BLANC-BEC
N°15 RUMBERLEY
N°37 DUEL DANS LA MANCHE
N°23 LES COUSINS D'EN FACE
N°25 DES BLEUS ET DES BOSSES
N°26 L'OR DU QUEBEC
N°32 LES BLEUS EN FOLIE
N°30 LA ROSE DE BANTRY
N°48 ARABESQUE
N°46 REQUIEM POUR UN BLEU
N°27 BULL RUN
N°7 LES BLEUS DE LA MARINE
N°40 LES HOMMES DE PAILLE
N°51 STARK SOUS TOUTES LES COUTURES
N°47 LES NANCY HART
N°19 LE DAVID
N°8 LA PRISON DE ROBERTSONVILLE
N°50 LA TRAQUE
N°35 CAPTAIN NEPEL
N°38 LES PLANQUÉS
N°39 PUPPET BLUES
N°42 QUI VEUT LA PEAU DU GÉNÉRAL ?
N°43 DES BLEUS ET DU BLUES
DUPUIS
GW01607706
Reykiavik
Ecosse
Liverpool
ANGLETERRE
Londres
Manche
Paris
Québec
Montréal
Ottawa
S. Laurent
N. York
Brooklyn
Philadelphia
Cuba
Is. Madere (P.)
Is. Canar (E)
Bathurs
1400

STARK SOUS TOUTES LES COUTURES

DESSINS : WILLY LAMBIL
SCÉNARIO : RAOUL CAUVIN
COULEURS : LEONARDO

DUPUIS

SPIROU.COM

Dépôt légal : septembre 2007 — D.2007/0089/156
ISBN 978-2-8001-3945-6 — ISSN 0772-0718

Imprimé en Belgique.

www.dupuis.com

US MAIL
US MAIL
3rd Corps

COURRIER !
14.

WICKLIFE... HOCKETT... MORRISON... NETTELS... BEARD... BASSETT...
ICI !
ICI !
MOI !

MUZZEY... HICKS... JONES...
ICI !
ICI !

MACMILLAN ... CURTIS...
ICI !
ICI !

CHESTERFIELD...
?
1B.

QUI ÇA? MOI?!...
NON, LE PAPE!

MAIS... MAIS ENFIN... QUI VOULEZ-VOUS QUI M'ÉCRIVE?
QU'EST-CE QUE J'EN SAIS, MOI!?

LA MEILLEURE FAÇON DE LE SAVOIR, C'EST D'ALLER VOIR!

CORNELIUS CHESTERFIELD!
VOILÀ! VOILÀ!

24.

WINSLOW... BURNS... HARPER... HENNESSEY...
ALORS?
C'EST... C'EST DE CHARLOTTE...

CHARLOTTE?
CHARLOTTE GRAHAM (*), LA FILLE DE MON EX-PATRON... RAPPELEZ-VOUS LA BOUCHERIE...

(*): BLUE RETRO.

AH OUAIS... LA CHARLOTTE! ... ET COMMENT QUE JE ME SOUVIENS! C'EST D'AILLEURS À CAUSE DE VOTRE CIRQUE QUE JE ME TROUVE ICI!
CRITCH CRITCH

JE VOUS LAISSE.
DÉSOLÉ, LES GARS! C'EST TERMINÉ!
28.

C'EST VALABLE POUR TOI AUSSI, VIEUX ! TOUT LE COURRIER QUI ME RESTE, C'EST DU "RETOUR À LA FAMILLE".
U.S. MAIL

...SOIT ILS SONT MORTS, SOIT DISPARUS...
...T'INQUIÈTE... JE N'ATTENDS RIEN...

TOUT CE QUI ME RESTE, C'EST CE COLIS POUR STARK.
STARK ?

BEN OUI, AMBROSE STARK... TU SAIS OÙ IL EST ?...
OUI. VEUX-TU QUE...?

NON. JE VOUDRAIS LUI REMETTRE EN MAINS PROPRES... OÙ EST-IL ?
3A.

OUAIS... APPAREMMENT, RIEN N'A CHANGÉ !
U.S. MAIL

BLUTCH, C'EST AFFREUX ! CHARLOTTE...
ELLE EST MORTE ?...

PAS DU TOUT ! ELLE ATTEND IMPATIEMMENT LA FIN DE LA GUERRE POUR QUE JE LA REDEMANDE EN MARIAGE !
C'EST UNE BONNE NOUVELLE, NON ?

VOUS RIGOLEZ ?! QUE VOULEZ-VOUS QUE JE FASSE AVEC CE BOUDIN ?!
CHHHT...
3B.

AMBROSE! C'EST POUR TOI!

TU...TU NE ME RECONNAIS PAS, AMBROSE?... JE SUIS FRANK, FRANK SLOAN...
IL...IL LE CONNAÎT?
OUI... ON DIRAIT...

TU NE TE SOUVIENS PAS?... LA FERME?... LES BÊTES?... LA CAMPAGNE CONTRE LES SÉMINOLES?...
4A.

COMPLÈTEMENT SIPHONNÉ!

JE ME DEMANDE POURQUOI JE LUI REMETS SES COLIS... IL NE LES OUVRE MÊME PAS!...
TU SAIS CE QU'ILS CONTIENNENT?

...DES AIGUILLES ET DU FIL!... SON PATERNEL ESPÈRE TOUJOURS QUE, LA GUERRE FINIE, SON REJETON PRENDRA LA RELÈVE DANS LA CONFECTION. EN ATTENDANT, IL LUI ENVOIE DE QUOI NE PAS PERDRE LA MAIN.
STARK DANS LA COUTURE... IL FAUT LE VOIR POUR LE CROIRE!
...CES COLIS, QU'EST-CE QU'IL EN FAIT?...
4B.

QU'EST-CE QUE J'EN SAIS! À MON AVIS, IL DOIT LES RANGER QUELQUE PART OU ALORS, IL LES JETTE! ALLEZ SAVOIR!

EH, L'AMI... TU SEMBLES BIEN LE CONNAÎTRE... SI TU NOUS EN PARLAIS UN PEU?
SI JE LE CONNAIS! NOUS AVONS PASSÉ TOUTE NOTRE JEUNESSE ENSEMBLE!

NOS FAMILLES HABITAIENT NON LOIN D'ALTOONA EN PENNSYLVANIE. ELLES S'Y TROUVENT TOUJOURS, D'AILLEURS. MON PÈRE ÉTAIT FERMIER... LE SIEN TAILLEUR. IL ÉTAIT RENOMMÉ DANS TOUTE LA RÉGION...

IL A LONGTEMPS ESPÉRÉ QUE SON REJETON PRENNE UN JOUR SA RELÈVE, MAIS AMBROSE ÉTAIT LOIN D'ÊTRE INTÉRESSÉ!
5A.

IL VENAIT SOUVENT ME RETROUVER. IL S'INTÉRESSAIT PLUS AUX ANIMAUX DE LA FERME...

MAIS SA FAMILLE VEILLAIT. ILS VOYAIENT D'UN TRÈS MAUVAIS ŒIL LEUR PROGÉNITURE PATAUGER DANS LES MARES...

ILS VOULAIENT QU'IL DEVIENNE QUELQU'UN DE BIEN ET C'EST POUR LEUR FAIRE PLAISIR, QU'UN JOUR, SANS TROP Y CROIRE, IL POSA SA CANDIDATURE À L'ACADÉMIE MILITAIRE DE WEST POINT.
STARK À WEST POINT?!
NOOON?
SI!
5B.

IL Y A ÉTÉ ADMIS, MAIS IL NE PRIT PAS PARTICULIÈREMENT PLAISIR À LA VIE MILITAIRE...

IL EN EST QUAND MÊME SORTI VINGT-ET-UNIÈME SUR CINQUANTE-SIX DE SA PROMOTION

IL REVINT CHEZ LUI OÙ SON PÈRE, UNE FOIS DE PLUS, ESSAYA DE LUI INCULQUER LES RUDIMENTS DE LA COUTURE...

...RIEN N'Y FIT!
6A.

...IL REVENAIT TOUJOURS À LA FERME, M'AIDER À SOIGNER LES BÊTES...

...ET PUIS, UN JOUR, IL A DÉCIDÉ DE REPRENDRE DU SERVICE À L'ARMÉE. JE L'AI SUIVI...
ENLIST!

VU SES ANTÉCÉDENTS, IL FUT PROMU LIEUTENANT AU TROISIÈME DE CAVALERIE... ET MOI, CAPORAL...
6B.

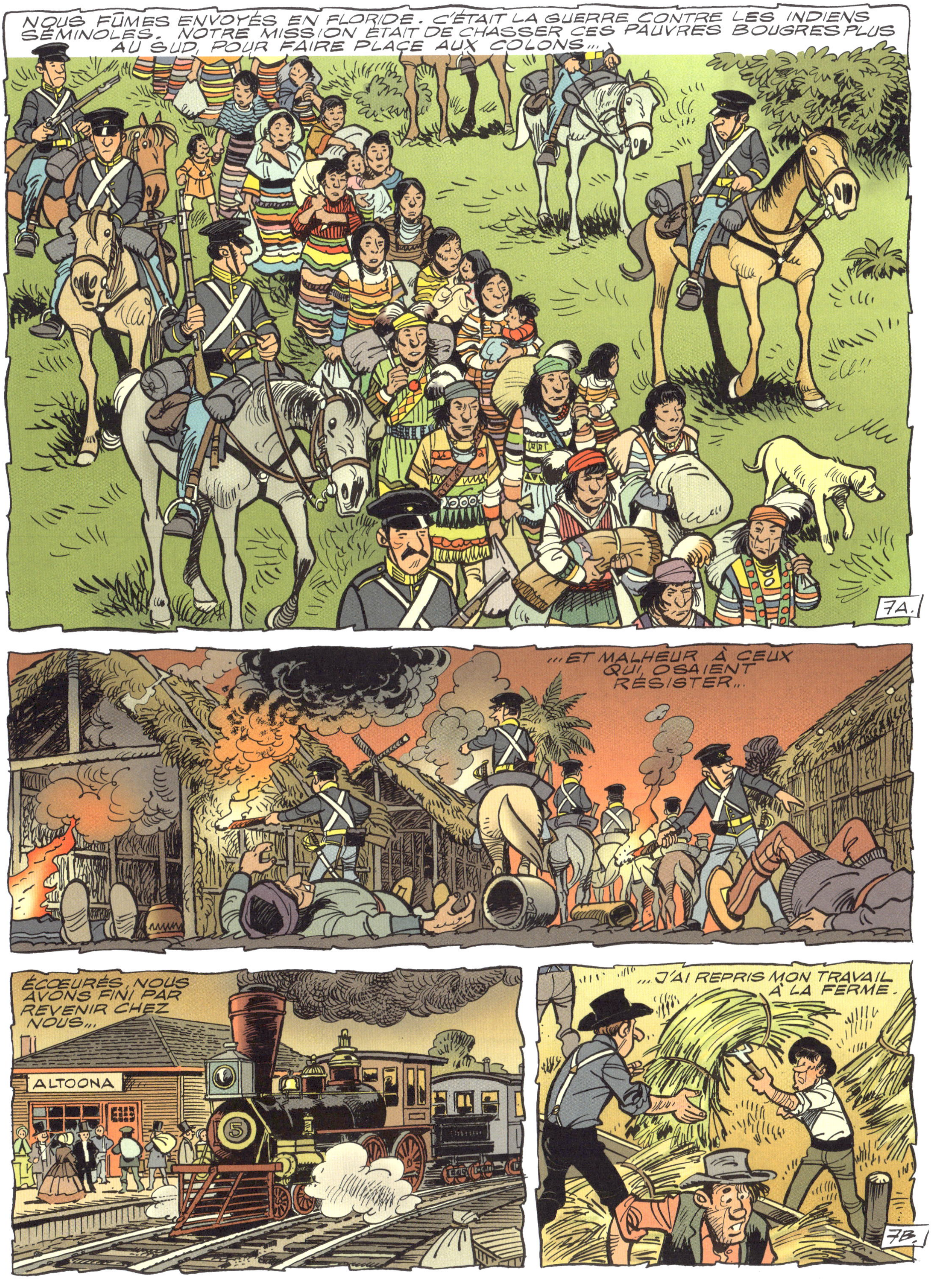

NOUS FÛMES ENVOYÉS EN FLORIDE. C'ÉTAIT LA GUERRE CONTRE LES INDIENS SÉMINOLES. NOTRE MISSION ÉTAIT DE CHASSER CES PAUVRES BOUGRES PLUS AU SUD, POUR FAIRE PLACE AUX COLONS...

SON PÈRE A ESSAYÉ DE LUI INCULQUER L'ABC DU MÉTIER...

...ET LA GUERRE A ÉCLATÉ !

PARTOUT, ON NE PARLAIT QUE DE CELA. IL Y AVAIT LES "POUR", IL Y AVAIT LES "CONTRE", MAIS PERSONNE NE RESTAIT INSENSIBLE...
WAR
PEACE
HARPER'S WEEKLY
TO ARMS!
RALLY FOR THE RIGHT!
Recruits Wanted
COMPANY A
GRAY RESERVES
CAPT. CHARLES S. SMITH.
ARMORY,
810 MARKET STREET,
UP STAIRS.
8A

C'EST VOTRE FILS ?
OUI !

J'ESPÈRE QU'IL NE VA PAS RESTER LÀ À NE RIEN FAIRE !
IL NE RESTE PAS LÀ À NE RIEN FAIRE. IL APPREND SON MÉTIER.

IL AURA TOUT LE TEMPS PLUS TARD ! IL FAUT PARER AU PLUS PRESSÉ... POUR LE MOMENT, L'ARMÉE A BESOIN D'HOMMES COMME LUI !

...ET IL A REMIS ÇA... ET MOI AUSSI...
8B

COUP DE POT... NOUS NOUS SOMMES RETROUVÉS DANS LE MÊME CORPS DE CAVALERIE. IL ÉTAIT PREMIER LIEUTENANT ET MOI, J'AVAIS GARDÉ MES GALONS DE CAPORAL...

UN SOIR, ALORS QUE NOUS ÉTIONS À LA POURSUITE DE L'ARMÉE DE LEE...

NOTRE UNITÉ AVAIT INSTALLÉ LE CAMP AU PIED D'UNE COLLINE...

...CE QUE NOUS IGNORIONS, C'EST QUE LES CONFÉDÉRÉS SE TROUVAIENT DESSUS...
9A.

INCONSCIENTS DU DANGER, NOUS N'AVIONS MÊME PAS PRIS LA PEINE DE POSTER DES SENTINELLES! ILS ONT ATTENDU LA NUIT POUR NOUS TOMBER DESSUS...

CE FUT UN VÉRITABLE CARNAGE...

QUAND JE SUIS REVENU À MOI, J'ÉTAIS UN DES RARES SURVIVANTS AU MILIEU D'UN TAS DE CORPS...
9B.

QUOIQUE GRIÈVEMENT BLESSÉ, JE ME SUIS TRAÎNÉ VERS AMBROSE...

IL N'ÉTAIT PAS MORT, LUI NON PLUS, MAIS IL AVAIT UNE VILAINE BLESSURE À LA TÊTE...

CE N'EST QU'AU PETIT MATIN QUE LES SECOURS SONT ARRIVÉS...

QUELQUES JOURS PLUS TARD, J'ÉTAIS À NOUVEAU D'ATTAQUE... ENFIN, PRESQUE...
10A.

ILS M'AVAIENT AMPUTÉ D'UNE MAIN...

J'AI RETROUVÉ AMBROSE UN PEU PLUS TARD. IL SE TENAIT RAIDE COMME UN MANCHE DE BROSSE, ASSIS SUR SUR SON CHEVAL, LE REGARD BRAQUÉ SUR L'HORIZON...

JE LUI AI PARLÉ. IL A TOURNÉ LA TÊTE VERS MOI... IL M'A REGARDÉ SANS RIEN DIRE, COMME SI, À SES YEUX, J'ÉTAIS DEVENU NI PLUS NI MOINS QU'UNE CROTTE DE SAUTERELLE...

PUIS, IL S'EST REMIS À SCRUTER L'HORIZON. IL NE ME RECONNAISSAIT PAS... IL NE ME RECONNAISSAIT PLUS...
10B.

INQUIET, J'AI ÉTÉ VOIR LE TOUBIB...

IL M'A EXPLIQUÉ QU'AMBROSE AVAIT EU DES ÉCLATS DE GRENADE DANS LA TÊTE, QU'ON N'ÉTAIT PAS ARRIVÉ À TOUT LUI EXTRAIRE ET QUE C'EST À CAUSE DE ÇA QU'IL ÉTAIT DANS CET ÉTAT...

C'EST À PARTIR DE CE MOMENT-LÀ QU'À CHAQUE ALERTE, IL S'EST MIS À CHARGER COMME UN DINGUE À LA TÊTE DES TROUPES...
CHAARG

...ET PUIS, LES CIRCONSTANCES ONT FAIT QUE NOUS NOUS SOMMES RETROUVÉS SÉPARÉS...
11A.

VU MON ÉTAT, ON M'A RELÉGUÉ À L'ARRIÈRE OÙ L'ON M'A CONFIÉ DES TRAVAUX SUBALTERNES COMME DE DISTRIBUER LE COURRIER, PAR EXEMPLE.

QUANT À AMBROSE, À WASHINGTON, CERTAINS ONT PRIS SES ACCÈS DE FOLIE POUR DE LA BRAVOURE. ILS L'ONT PROMU CAPITAINE ET L'ONT AFFECTÉ AU VINGT-DEUXIÈME DE CAVALERIE À CE QU'ON M'A DIT...
EXACT!
MÊME QU'ON Y EST!

EH BEN, VOILÀ QUI EXPLIQUE BIEN DES CHOSES!
QUELLES CHOSES?
11B.

LES ÉCLATS DANS LA TÊTE, C'EST ÇA QUI L'A RENDU ZINZIN. BON, D'ACCORD, PAS ASSEZ POUR EN FAIRE UN SERGENT, MAIS VOUS AVOUEREZ QUAND MÊME QU'IL S'EN EST FALLU D'UN POIL!
OH, VOUS!

À VOTRE AVIS, POURQUOI, DEPUIS, RESTE-T-IL RIVÉ À SA SELLE À LONGUEUR DE JOURNÉE?
...LA PEUR D'ÊTRE UNE NOUVELLE FOIS SURPRIS DANS SON SOMMEIL! UNE CHANCE QU'IL S'EN SOIT SORTI VIVANT, CETTE FOIS-LÀ!

VIVANT, MAIS UN PEU FÊLÉ!
PEUT-ÊTRE RETROUVERA-T-IL LA MÉMOIRE UN JOUR. IL SUFFIT PARFOIS DE PEU DE CHOSES!

À QUOI PENSEZ-VOUS?
...À FRANK SLOAN, LE VAGUEMESTRE.(*)
(*) FACTEUR.

S'IL SE SORT VIVANT DE CETTE SATANÉE GUERRE, IL PEUT DIRE ADIEU AUX TRAVAUX DE LA FERME. PAS FACILE DE TRAIRE UNE VACHE AVEC UN CROCHET!
12A.

QUANT À STARK, SI UN JOUR QUELQU'UN AVAIT ENVIE DE LUI COMMANDER UN COSTARD SUR MESURE, QUAND IL VERRAIT LE RÉSULTAT, IL LUI FERAIT PASSER UN SALE QUART D'HEURE!
DRÔLE DE GUERRE!

S'ILS S'EN SORTENT VIVANTS, COMME VOUS DITES, LA PATRIE LEUR EN SERA RECONNAISSANTE. ELLE N'OUBLIERA PAS SES HÉROS ET SURTOUT CEUX QUI AURONT VERSÉ LEUR SANG POUR ELLE!

VOUS... VOUS ÊTES SÉRIEUX, LÀ?
ABSOLUMENT!

BIEN, ALORS, DANS CE CAS, À VOTRE PLACE, J'IRAIS LE REJOINDRE. AVEC UN DINGUE DE PLUS OU DE MOINS SUR LE DOS, CROYEZ-MOI, LE CHEVAL NE SENTIRA PAS TELLEMENT LA DIFFÉRENCE.
12B.

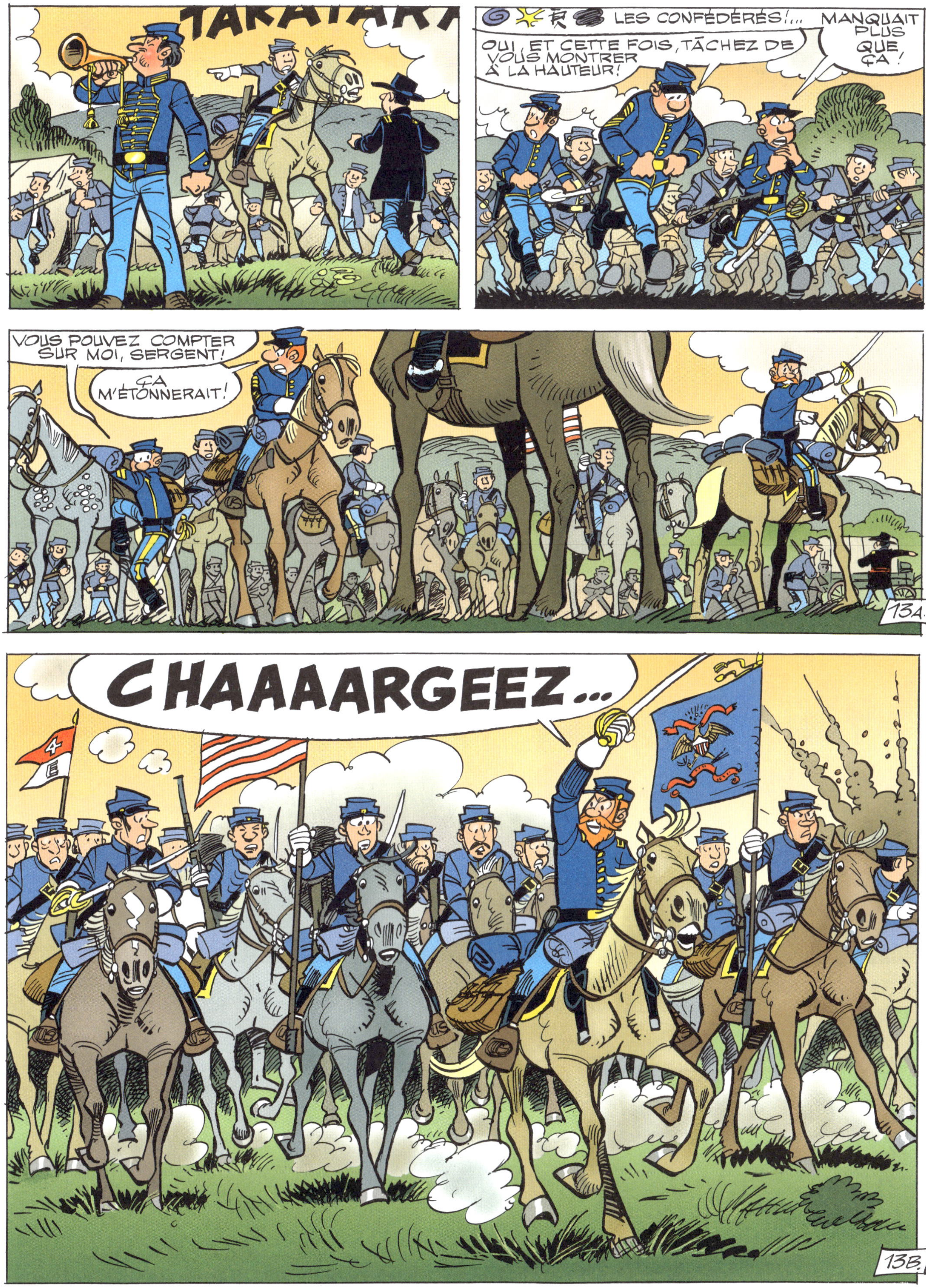

CHAAAARGEEZ...

13B.

!

BLAF
MILLE MILLIARDS ! CETTE FOIS, C'EN EST TROP ! VOUS REMONTEZ SUR CETTE CARNE OU JE...

WHAMM

BLAM
14A.

BON SANG, CAPITAINE !

CAPITAINE !

QU'EST-CE QU'IL A ?
QU'EST-CE QUE J'EN SAIS, MOI !? AMENEZ-VOUS ! VOUS ALLEZ M'AIDER À LE TRANSPORTER À L'INFIRMERIE...

VOTRE CHEVAL VA MIEUX ?
OUI, IL A JUSTE FAIT UN MALAISE !
ANDOUILLE !
14B.

PLUS TARD...
HÉLAS!
NE VOUS INQUIÉTEZ PAS! IL EST DRÔLEMENT SONNÉ, MAIS IL S'EN SORTIRA!

...ET À PRÉSENT, DÉSOLÉ LES GARS, MAIS J'AI À FAIRE!

SAVEZ-VOUS QUE STARK A ENCORE UN PEU DE PLOMB DANS LA TÊTE RAPPORT À UNE BLESSURE PRÉCÉDENTE?
AH BON?
DZIIIII
DZIIIII

IL PARAÎTRAIT QUE C'EST POUR ÇA QU'IL EST UN PEU EUH... DÉRANGÉ...
DZIIIII
CRRR
DZIIIII
DZIIIIII

NORMAL... CE GENRE DE BLESSURES LAISSE TOUJOURS DES SÉQUELLES!
DZIIIII
CRRR
CRRR
15A.

ZUT, ZUT ET ZUT!... CELUI-CI N'A PAS TENU LE COUP! EMBARQUEZ-LE ET AMENEZ-EN UN AUTRE!

VOUS DISIEZ, SERGENT?

POSEZ-LE!

VOUS DISIEZ, SERGENT?...
PLUS TARD, TOUBIB, QUAND VOUS AUREZ UN MOMENT!
C'EST ÇA!
15B.

BLUTCH !

ICI !

EUÉÉÉRK
ÉRK
ÉRK

C'EST VRAI QUE POUR ASSISTER À ÇA, IL FAUT AVOIR LE COEUR BIEN ACCROCHÉ !

VOUS L'AVEZ, VOUS ?

NON !
BLAF
16A.

PLUS TARD...
DÉSOLÉ, LES GARS, MAIS VOUS ÊTES TOMBÉS EN PLEINE HEURE D'AFFLUENCE ! DE QUOI ME PARLIEZ-VOUS ENCORE, SERGENT ?

AH OUI, ATTENDEZ ... JE ME SOUVIENS ... STARK ... LE PLOMB DANS LA TÊTE !
C'EST CELA, OUI !

...ET À PRÉSENT, SI VOUS M'EXPLIQUIEZ CE QUE VOUS ATTENDEZ DE MOI ?
EH BIEN VOILÀ ...

LE TRÉPANER ?!... JE N'AI JAMAIS FAIT ÇA, MOI !
JUSTEMENT ! NE CROYEZ-VOUS PAS QUE LE MOMENT EST VENU D'ESSAYER ?
16B.

SACHEZ QUE DANS CE GENRE D'OPÉRATION, SI TOUT VA BIEN, ÇA PEUT EFFECTIVEMENT AMÉLIORER LES CHOSES, MAIS SI ÇA RATE, ÇA NE PEUT QUE LES FAIRE EMPIRER.
ALORS LÀ, TOUBIB, POUR STARK, DIFFICILE DE FAIRE PIRE!
OH, VOUS, ÇA VA HEIN!?

C'EST À VOUS DE DÉCIDER, TOUBIB...
HMM... D'ACCORD... IL Y A DES RISQUES, MAIS ÇA VAUT LE COUP!

BRAVO!

C'EST BIZARRE, MAIS J'AI COMME QUI DIRAIT UN ÉTRANGE PRESSENTIMENT...
IL FAUT TOUJOURS QUE VOUS JOUIEZ AU DÉFAITISTE!
17A

...ET À PRÉSENT, QU'EST-CE QU'ON FAIT?
QUE VOULEZ-VOUS QU'ON FASSE?... ON ATTEND.

QU'EST-CE QUI LUI ARRIVE?
IL BOITILLE, SERGENT! ON DIRAIT QU'IL A MAL À UNE PATTE!

IL Y A LONGTEMPS QUE VOUS ÊTES DANS LA CAVALERIE?
NON, SERGENT... JE DÉBUTE...
17B

ALORS, SACHEZ QUE, QUAND ON PARLE D'UN CHEVAL, ON NE PARLE PAS DE PATTES, MAIS DE JAMBES !

REGARDEZ... LÀ, C'EST L'ÉPAULE, LÀ, LE BRAS, ICI, LE COUDE, LÀ, L'AVANT-BRAS... LE GENOU...

SACHEZ QU'UN CHEVAL N'A PAS UNE GUEULE, MAIS UNE TÊTE AVEC UNE BOUCHE ET DES LÈVRES !
EUH... UN PEU COMME VOUS ET MOI ?

OUAIS ! SI L'ON VEUT ! POURQUOI ? QU'EST-CE QUI VOUS CHIPOTE ENCORE ?
...BEN... À PARTIR DE MAINTENANT, QUAND JE MONTERAI DESSUS, J'AURAI L'IMPRESSION DE CHEVAUCHER UN MEC !
18A.

... ET ÇA VOUS FAIT RIRE ?

C'EST DINGUE CE QU'ILS PEUVENT PARFOIS ENGAGER COMME CRÉTINS DANS L'ARMÉE !

ALORS, LÀ, ENTIÈREMENT D'ACCORD AVEC VOUS !

PLUS TARD...
C'EST LONG !
JE TROUVE AUSSI !... À PART UNE ONCE DE PLOMB, IL Y A BELLE LURETTE QU'IL NE DOIT PAS Y AVOIR GRAND-CHOSE DANS LA CERVELLE DE STARK !
18B.

VOUS NE TROUVEZ PAS QU'IL Y A BEAUCOUP D'ANIMATION DANS LE CAMP AUJOURD'HUI ?

C'EST VRAI... PARAÎT QUE LES "REBS" TRAÎNENT ENCORE PAR ICI !
OUAIS, À MON AVIS, QUELQUE CHOSE SE PRÉPARE !

...ET VOILÀ !
ÇA A MARCHÉ ?

...EN TOUT CAS, J'AI FAIT CE QUE J'AI PU. LE RESTE EST ENTRE LES MAINS DE DIEU !
19A.

LE SOIR TOMBE...

...ET À L'AUBE...
USA
AMMUNITION
19B.

GRAT
GRAT

FLOP

!
20A.

SERGENT, JE VIENS DE VOIR STARK!
MAGNIFIQUE! COMMENT VA-T-IL?

...À PIED!
!?
20B

... À PIED!? AÏE AÏE AÏE... EFFECTIVEMENT, IL Y A, COMME QUI DIRAIT, UN PROBLÈME!

LE CAPITAINE STARK, MON GÉNÉRAL...
AH? QU'EST-CE QU'IL ME VEUT, CELUI-LÀ?
21A.

VOUS CHERCHEZ QUELQUE CHOSE, MON GÉNÉRAL?
... SON CHEVAL.

... IL EST VENU À PIED, SIR!
!
21B.

EUH... AHEM... QUELQUE CHOSE QUI NE VA PAS, CAPITAINE?
JE SUIS VENU VOUS REMETTRE MA DÉMISSION, SIR...

J'AI DÉCIDÉ DE QUITTER L'ARMÉE ET DE RENTRER CHEZ MOI.

VOUS... VOUS PLAISANTEZ, LÀ?
NON!
22A.

MAIS ENFIN, QU'EST-CE QUI VOUS ARRIVE?.. VOUS N'ÊTES PAS BIEN, ICI?!.. TOUJOURS AU GRAND AIR!.. VOUS CHARGEZ QUAND VOUS VOULEZ!

CHARGER?
BEN OUI... CHARGER!

CHAAARGEEZ... TAGADAP...

22B.

MAIS QU'EST-CE QUI LUI ARRIVE ?
JE N'EN SAIS RIEN, MAIS SI VOUS VOULEZ MON AVIS, IL N'EST PAS DANS SON ÉTAT NORMAL.

ENTIÈREMENT D'ACCORD AVEC VOUS, HORACE. LE SIMPLE FAIT D'ÊTRE VENU ICI SANS SON CHEVAL DÉPASSE L'ENTENDEMENT !

OH ! QUOI ?

LÀ, VOUS AVEZ DES ACCROCS !
?

PERMETTEZ...
23A

VOUS AVEZ DE LA CHANCE. J'AI TOUT CE QU'IL FAUT SUR MOI...

GOSH !... MAIS QU'EST-CE QU'IL FAIT ?
IL COUD !

MAIS SACRÉ MILLE MILLIARDS, JE VOIS BIEN QU'IL NE JOUE PAS DE LA MANDOLINE ! JE VOUS DEMANDE SIMPLEMENT CE QUE CELA SIGNIFIE !
23B

QU'... QU'EST-CE QUE VOUS VOULEZ QUE J'EN SACHE?
...À MON AVIS, JE NE VOIS QU'UNE SEULE PERSONNE CAPABLE D'ÉCLAIRER NOTRE LANTERNE!
OUI?!

JE CROIS QUE VOUS ALLEZ AVOIR DE LA VISITE, SERGENT...
244.

SERGENT, POUVEZ-VOUS M'EXPLIQUER CE QUI EST ARRIVÉ AU CAPITAINE STARK?!...

ALLEZ-Y, JE VOUS ÉCOUTE!!
JE... EH BIEN, VOILÀ...

PEU APRÈS...
...MAIS BON SANG DE BON SANG, QU'EST-CE QUI VOUS EST PASSÉ PAR LA TÊTE?!!

IL AVAIT PEUT-ÊTRE UN PEU DE PLOMB DANS LA CERVELLE MAIS C'ÉTAIT UN EXCELLENT OFFICIER... NOUS N'AVIONS RIEN À LUI REPROCHER!
24B.

UN VRAI MENEUR D'HOMMES TOUJOURS À LA TÊTE DE SES TROUPES !

... DE QUOI, VAIS-JE AVOIR L'AIR, MOI QUAND J'ANNONCERAI QUE CE MÊME HOMME VEUT TOUT PLAQUER POUR SE LANCER DANS LA COUTURE !?... ET POURQUOI PAS DANS LA BRODERIE, TANT QU'ON Y EST ?!...

À CAUSE DE VOTRE INITIATIVE IMBÉCILE, NOUS RISQUONS D'ÊTRE LA RISÉE DE TOUTE L'ARMÉE U.S. !
... ET MÊME DE CEUX D'EN FACE !

25A.

SERGENT, JE N'IRAI PAS PAR QUATRE CHEMINS !

JE VOUS LAISSE JUSQU'À CE SOIR POUR LE FAIRE REVENIR SUR SA DÉCISION, LE REMETTRE EN SELLE ET LUI FAIRE REPRENDRE SA PLACE PARMI NOUS...
VOUS... VOUS POUVEZ COMPTER SUR MOI !

... ET COMMENT QUE JE VAIS COMPTER SUR VOUS, CAR SI VOUS ÉCHOUEZ, JE NE FERAI PAS APPEL À UN PELOTON D'EXÉCUTION, JE ME FERAI UN PLAISIR DE VOUS FUSILLER PERSONNELLEMENT !

PFIOÛU
25B.

DUR, DUR ?...
JE VOUDRAIS VOUS Y VOIR...

VOULEZ-VOUS QUE JE VOUS DISE ?... À VOTRE PLACE, JE ME TIRERAIS D'ICI VITE FAIT, BIEN FAIT ET J'IRAIS ÉPOUSER CHARLOTTE !
AU LIEU DE DÉBITER DES ÂNERIES, VOUS FERIEZ MIEUX DE CHERCHER UN MOYEN POUR ME SORTIR DE LÀ !

JE NE VOIS QU'UNE SOLUTION...
LAQUELLE ?

... DEMANDER AU TOUBIB DE REMETTRE LE PLOMB LÀ OÙ IL L'A TROUVÉ.

ÇA VA, ÇA VA !... LAISSEZ TOMBER ! ALLEZ PLUTÔT ME RÉCUPÉRER STARK...
26A.

VOUS... VOUS AVEZ UNE IDÉE DERRIÈRE LA TÊTE...
MMM... PEUT-ÊTRE...

UN CHEVAL ! QU'ON M'AMÈNE UN CHEVAL !
... ET UN CHEVAL ! UN !

C'EST BIENTÔT FINI ?...
J'EN AI PRESQUE TERMINÉ...
TAP TAP
26B.

... EUH... JE... LE CAPITAINE...
C'EST CELA! EMPORTEZ-LE LOIN D'ICI!

AH, QUAND MÊME! VOUS EN AVEZ MIS DU TEMPS!
DÉSOLÉ, MAIS IL A ABSOLUMENT TENU À ME RECOUDRE UN BOUTON AVANT D'ACCEPTER DE ME SUIVRE.

ALORS, CETTE IDÉE?
SI ON RÉUSSIT À LE REMETTRE EN SELLE, ON AURA DÉJÀ AVANCÉ D'UN GRAND PAS! VOUS ALLEZ M'AIDER.
C'EST UN ORDRE?
OUI!
27A.

ALLONS-Y!
...MON CAPITAINE...

?

SI VOUS VOULEZ MON AVIS, C'EST PLUTÔT MAL BARRÉ!

QU'EST-CE QUE VOUS ATTENDEZ POUR ME LE RAMENER?!
EH! OH! VOUS FÂCHEZ PAS! CE QUI ARRIVE N'EST PAS DE MA FAUTE APRÈS TOUT!
27B.

NON MAIS...
OÙ EST-IL PASSÉ, À PRÉSENT, CET ABRUTI ?!

!

EH BÉ... ON N'EST PAS ENCORE SORTI DE L'AUBERGE !
284.

VOUS AVEZ INTÉRÊT À VOUS GROUILLER, SERGENT !
POURQUOI DITES-VOUS ÇA ?

J'AI OUÏ DIRE QUE LEE ET SON ARMÉE N'ÉTAIENT PAS LOIN... AUTREMENT DIT, ON RISQUE D'AVOIR LES "REBS" SUR LE DOS D'UN MOMENT À L'AUTRE...
OUI... ET ALORS ?

...ET ALORS ?... PRIVÉS DE NOTRE CAVALERIE, ON A PEU DE CHANCES DE S'EN TIRER !...
QU'EST-CE QUE VOUS RACONTEZ ?!

ELLE EST LÀ, LA CAVALERIE !
OUI, MAIS IL N'Y A PLUS PERSONNE POUR LA COMMANDER !
28B.

SOYEZ TRANQUILLE... EN CAS D'ATTAQUE, C'EST MOI QUI MÈNERAI LA CHARGE !

?!

IL FAUT LES COMPRENDRE, SERGENT !... AVEC STARK, IL Y AVAIT DÉJÀ DES RISQUES... AVEC VOUS, C'EST CARRÉMENT DU SUICIDE...

LES ...! ILS NOUS ONT LAISSÉS TOMBER !
CROYEZ-MOI, ÇA VAUT MIEUX COMME ÇA !
29A.

S'IL VENAIT ENCORE À REMARQUER LE MOINDRE PETIT ACCROC, LE MOINDRE PETIT BOUTON BRANLANT, IL EST FICHU, À CHAQUE FOIS, DE SE REMETTRE À LA COUTURE ! À CE TRAIN-LÀ, ON EST MAL PARTIS !
VOUS AVEZ RAISON !

ALLONS-Y ! IL N'Y A PAS DE TEMPS À PERDRE !

29B.

OÙ EN SOMMES-NOUS?
EUH... JUSQU'À PRÉSENT, NULLE PART, MON GÉNÉRAL ... MAIS CROYEZ-MOI, NOUS FAISONS LE MAXIMUM!

JE L'ESPÈRE POUR VOUS, SERGENT! N'OUBLIEZ PAS... OU BIEN, CE SOIR, JE LE RETROUVE À SON POSTE, RIVÉ À SA SELLE...

... OU BIEN, C'EST SUR VOTRE PEAU QU'IL AURA TOUT LE LOISIR DE S'EXERCER À LA COUTURE ET CROYEZ-MOI, IL Y AURA DU BOULOT!

JE NE VOUDRAIS PAS AVOIR L'AIR D'INSISTER MAIS VOUS AVEZ PLUS DE CHANCE DE VIVRE ENCORE QUELQUES ANNÉES AVEC CHARLOTTE QU'ICI!... IL N'A PAS L'AIR DE PLAISANTER!
CLICK
30A

NOUS ALLONS ENCORE FAIRE UN ESSAI!
POURQUOI PAS?...

... N'EMPÊCHE... SI ON M'AVAIT DIT QU'UN JOUR, STARK AURAIT PEUR DES CHEVAUX, JE NE L'AURAIS JAMAIS CRU!

OUI... OUI!!!... OUI!!!!!

NON!
BLAF
30B

ON DEVRAIT LAISSER TOMBER ! ON N'Y ARRIVERA JAMAIS !
VOUS SEMBLEZ OUBLIER UNE CHOSE... C'EST DE MA VIE QU'IL S'AGIT, PAS DE LA VÔTRE !

CETTE FOIS, ON Y ARRIVERA... JE LE SENS !
...SI VOUS LE DITES !...

LE... LE CHEVAL ?!
31A.

C'EST PAS VRAI, MAIS C'EST PAS VRAI !
IL FAUT SE METTRE À SA PLACE, SERGENT... CE N'EST PAS MARRANT POUR CET ANIMAL NON PLUS !

OÙ ALLEZ-VOUS ?...
...EN CHERCHER UN AUTRE ! CE N'EST PAS ÇA QUI MANQUE ICI !

...PEU APRÈS...
MAIS PUISQUE JE VOUS DIS QU'IL BOITILLE !
RAISON DE PLUS ! IL ÉVITERA DE BOUGER. IL RESTERA SUR PLACE.

ALLONS-Y !
31B.

OUI... OUÏÏÏÏ... OUÏÏÏÏÏ !

NON !
BLAF !

JE VOUS AVAIS POURTANT DIT QU'IL AVAIT MAL À UNE PATTE ET QU'IL NE POUVAIT PLUS RIEN SUPPORTER !

UNE JAMBE, ABRUTI ! UNE JAMBE !

... UNE JAMBE... D'ACCORD !
32A.

N'EMPÊCHE... VOUS AVEZ FAILLI LE FAIRE CREVER !
... LE FAIRE MOURIR !

PARDON ?...
... UN CHEVAL NE CRÈVE PAS... IL MEURT !

... DES JAMBES... DES BRAS... DES GENOUX... UNE BOUCHE... DES LÈVRES ET EN PLUS, IL NE CRÈVE PAS ! IL MEURT ! C'EST PAS CROYABLE ! S'IL LUI ARRIVAIT UNE BRICOLE SUR UN CHAMP DE BATAILLE, JE FERAIS APPEL À L'AUMÔNIER POUR L'AIDER À RENDRE LE DERNIER SOUPIR...

... ET ÇA VOUS FAIT RIRE ?!
32B.

DÉSOLÉ... HI, HI, HI

OÙ ALLEZ...?
EN CHERCHER UN AUTRE!

VOUS POURRIEZ TOUT DE MÊME FAIRE UN EFFORT!
JE VEUX RETOURNER CHEZ MOI!

RAISON DE PLUS! QUITTE À REGAGNER VOS PÉNATES, AUTANT QUE CE SOIT À CHEVAL...
ÇA Y EST! J'EN AI TROUVÉ UN!

WHOW! IL EST SUPERBE! OÙ L'AVEZ-VOUS DÉGOTTÉ CELUI-LÀ?
QUELLE IMPORTANCE?! QUELQUE PART PAR LÀ!
33A.

ALLONS-Y! PRÊT POUR UN NOUVEL ESSAI?

SURTOUT NE VOUS GÊNEZ PAS!

ESSAYEZ AVEC N'IMPORTE QUEL CHEVAL, MAIS DÉFENSE DE TOUCHER AU MIEN, VU?!

...ET N'OUBLIEZ PAS!... N'OUBLIEZ PAS EN CAS D'ÉCHEC.....
TENACE, HEIN?
PAF!
33B

IL NE VOUS RESTE PLUS QU'À EN CHERCHER UN AUTRE...
À QUOI ÇA SERVIRAIT?... QU'ON EN RAMÈNE DIX OU CENT, IL REFUSERA TOUJOURS DE MONTER DESSUS!

À MON AVIS, CE QUI L'EFFRAYE, C'EST QU'ILS SONT UN PEU HAUTS...
NE ME DITES PAS QUE VOUS ALLEZ LUI FAIRE MONTER UN SHETLAND!

QUI VOUS PARLE D'UN PONEY?

PEU APRÈS...
A...ARABESQUE?!

JE NE COMPRENDS PAS! ELLE EST COMME LES AUTRES!
BZZZ BZZZ
34A.

BLOUF
PLUS MAINTENANT!

HA! HA! HA! C'EST BIEN LA PREMIÈRE FOIS QUE JE N'AI PAS ENVIE DE VOUS EN VOULOIR! ...ET MAINTENANT?...
ON LE MET DESSUS ET ON LUI DEMANDE DE SE REDRESSER.

FRANCHEMENT, JE N'Y AURAIS JAMAIS PENSÉ!

À TOI DE JOUER, MA COCOTTE!
34B.

AH NOON! CETTE FOIS, IL LE FAIT EXPRÈS!

MILLIARDS! J'EN AI MARRE! CETTE FOIS, QUITTE À LE CLOUER SUR LA SELLE, JE VOUS JURE QU'IL TIENDRA!

35A.

KRÂÂK

DÉSOLÉ!

VOUS PERMETTEZ?

C'EST FINI! CETTE FOIS, J'ABANDONNE!
35B.

JE PENSE AVOIR UNE AUTRE IDÉE, SERGENT!
ALLEZ-Y, AU POINT OÙ J'EN SUIS!

FRANK... FRANK SLOAN, LE VAGUEMESTRE (*)
QUOI, FRANK SLOAN?... NE ME DITES PAS QUE VOUS ALLEZ LUI DEMANDER DE CHARGER À SA PLACE!

(*) : FACTEUR

NON, BIEN SÛR... LAISSEZ-MOI FAIRE!
OÙ ALLEZ-VOUS?

JE PARS À SA RECHERCHE.
VOUS SAVEZ OÙ IL EST?
36A.

QUELQUE PART PAR LÀ, DERRIÈRE LES LIGNES... NE VOUS INQUIÉTEZ PAS. JE FINIRAI BIEN PAR LE TROUVER.

J'IGNORE CE QUE VOUS AVEZ DERRIÈRE LA TÊTE, MAIS FAITES VITE... N'OUBLIEZ SURTOUT PAS QUE QUAND LE SOLEIL DESCENDRA À L'HORIZON, MA PAUVRE PETITE VIE NE TIENDRA PLUS QU'À UN FIL...
... PAS DE DÉFAITISME, SERGENT! VOUS N'ÊTES PAS ENCORE MORT, QUE JE SACHE!

EN M'ATTENDANT, ESSAYEZ ENCORE AVEC UN AUTRE CHEVAL...

... MÊME PAS ENVIE!
36B.

PLUS TARD...
LE CAPORAL SLOAN..., ÇA VOUS DIT QUELQUE CHOSE?
QUI ÇA?... ...JAMAIS ENTENDU PARLER.

CONNAIS PAS!

ÇA ME DIT RIEN!
37A.

AH! QUAND MÊME!

SALUT!
TIENS, QUELLE BONNE SURPRISE!
US MAIL
3rd CORPS

J'AI BESOIN DE TOI!
AH BON?

JE VOUDRAIS QUE TU M'AIDES À SORTIR UNE ANDOUILLE QUI S'EST FICHUE DANS LE CROTTIN JUSQU'AU COU!
JE LE CONNAIS?
CHESTERFIELD... ÇA TE DIT?...
37B.

LE SERGENT CHESTERFIELD? INCROYABLE! POURTANT, LE BRUIT COURT QUE DEPUIS UN BON MOMENT, TU RÊVES DE LUI FAIRE LA PEAU.
C'EST EXACT!

ALORS LÀ, JE NE SAISIS PAS...
C'EST UNE VIEILLE HISTOIRE ENTRE LUI ET MOI.. SI JE NE PARVIENS PAS À LE SORTIR DE LA SITUATION OÙ IL S'EST ENCORE FOURRÉ, C'EST UN AUTRE QUI RISQUE DE LE FAIRE À MA PLACE ET ÇA, JE NE LE SUPPORTERAI PAS!

O.K. DIS-MOI CE QUE TU ATTENDS DE MOI...
C'EST DE STARK QU'IL S'AGIT...

AMBROSE?... QU'EST-CE QUE JE PEUX FAIRE?... QUAND JE L'APPROCHE, IL NE ME RECONNAÎT MÊME PLUS!
ÇA, C'ÉTAIT AVANT!
38A

DEPUIS LA DERNIÈRE FOIS QUE TU L'AS VU, IL Y A DES PETITES CHOSES QUI ONT CHANGÉ...
TU VEUX PAS ÊTRE PLUS CLAIR?...
3rd CORPS

EH BIEN VOILÀ...

INCROYABLE! ALORS, IL SERAIT REDEVENU NORMAL?!
JE CROIS... ENFIN, SI L'ON PEUT DIRE! JE NE L'AI PAS CONNU AVANT, MOI!

HA! HA! HA! JE TE L'AI DIT... IL N'A JAMAIS TROP AIMÉ L'ARMÉE... VOILÀ POURQUOI IL VEUT LA QUITTER!

QU'EST-CE QUE JE DOIS FAIRE?
38B

...LE CONVAINCRE DE REMONTER À CHEVAL ET DE RESTER EN SELLE QUELQUES MINUTES... JUSTE LE TEMPS DE FAIRE CROIRE À ALEXANDER QUE TOUT EST RENTRÉ DANS L'ORDRE.
US MAIL 3rd CORPS

C'EST QUAND MÊME BIZARRE... AMBROSE N'AVAIT PAS PEUR DES CHEVAUX AVANT!
...DES SÉQUELLES DE L'OPÉRATION SANS DOUTE.

TU CROIS POUVOIR Y ARRIVER?
ON PEUT TOUJOURS ESSAYER...

ALORS, ALLONS-Y... IL N'Y A PAS DE TEMPS À PERDRE!
US MAIL 3rd CORPS
39A.

JUSTE UNE QUESTION... QUAND CETTE HISTOIRE SERA FINIE, CROIS-TU QU'ILS LUI PERMETTRONT DE QUITTER L'ARMÉE?
JE NE PEUX RIEN PROMETTRE. CE N'EST PAS MOI QUI DÉCIDE!

S'IL NE TENAIT QU'À MOI, POUR SÛR QUE JE LE LAISSERAIS FILER ET JE LUI EMBOÎTERAIS LE PAS!

SI JE SUIS RESTÉ DANS L'ARMÉE JUSQU'À PRÉSENT, C'EST À CAUSE DE LUI. JE NE VOULAIS PAS LE QUITTER, SURTOUT DANS SON ÉTAT. À PRÉSENT, S'IL NE CHANGE PAS D'AVIS ET QU'IL TIENT TOUJOURS À PARTIR, JE PARTIRAI AVEC LUI...

QU'EST-CE QUI POURRAIT LE FAIRE CHANGER D'AVIS?
VA SAVOIR!
39B.

SALUT, SERGENT!
CONTENT DE VOUS REVOIR, BLUTCH! UN MOMENT, J'AI CRU QUE J'ALLAIS MOURIR SEUL, ABANDONNÉ DE TOUS!

IL REFUSE TOUJOURS?
'SAIS PAS... J'AI LAISSÉ TOMBER!

À TOI DE JOUER, FRANK!

QU'EST-CE QU'IL VA FAIRE?...
...UN MIRACLE... DU MOINS, JE L'ESPÈRE POUR VOUS!
40A.

AMBROSE!
FRANK!

OUAIS, D'ACCORD, C'EST BEAU... C'EST ÉMOUVANT, MAIS ÇA N'ARRANGE PAS MES AFFAIRES!
MINUTE!
U.S. MAIL

QU'EST-CE QU'ILS PEUVENT BIEN SE RACONTER?
AH, ÇA...

...ET APRÈS, ON RENTRE CHEZ NOUS?...
PROMIS! JURÉ! ON A ASSEZ DONNÉ COMME ÇA!
40B.

...ET VOILÀ LE TRAVAIL ! IL NE VOUS RESTE PLUS QU'À ALLER CHERCHER ALEXANDER !
41A.

BLUTCH !

SMOUTCH !

BÊRK ! BÊRK ! ÇA VA PAS, NON ?!
J'Y VAIS !

WHIZZZZZ
WHAM

41B.

AMBROSE!
ALEEEERTE!

LES CONFÉDÉRÉS, SIR!

TOUT LE MONDE À SON POSTE!

TARATATATATA
42A

AMBROSE!... BON SANG, AMBROSE! RÉPONDS-MOI!
MILLE MILLIARDS! ...MANQUAIT PLUS QUE ÇA!

?!

BLUTCH! PINCEZ-MOI! JE RÊVE!
JE NE CROIS PAS, SERGENT... À MON AVIS, IL A REPRIS DU PLOMB DANS LA CAFETIÈRE!
42B

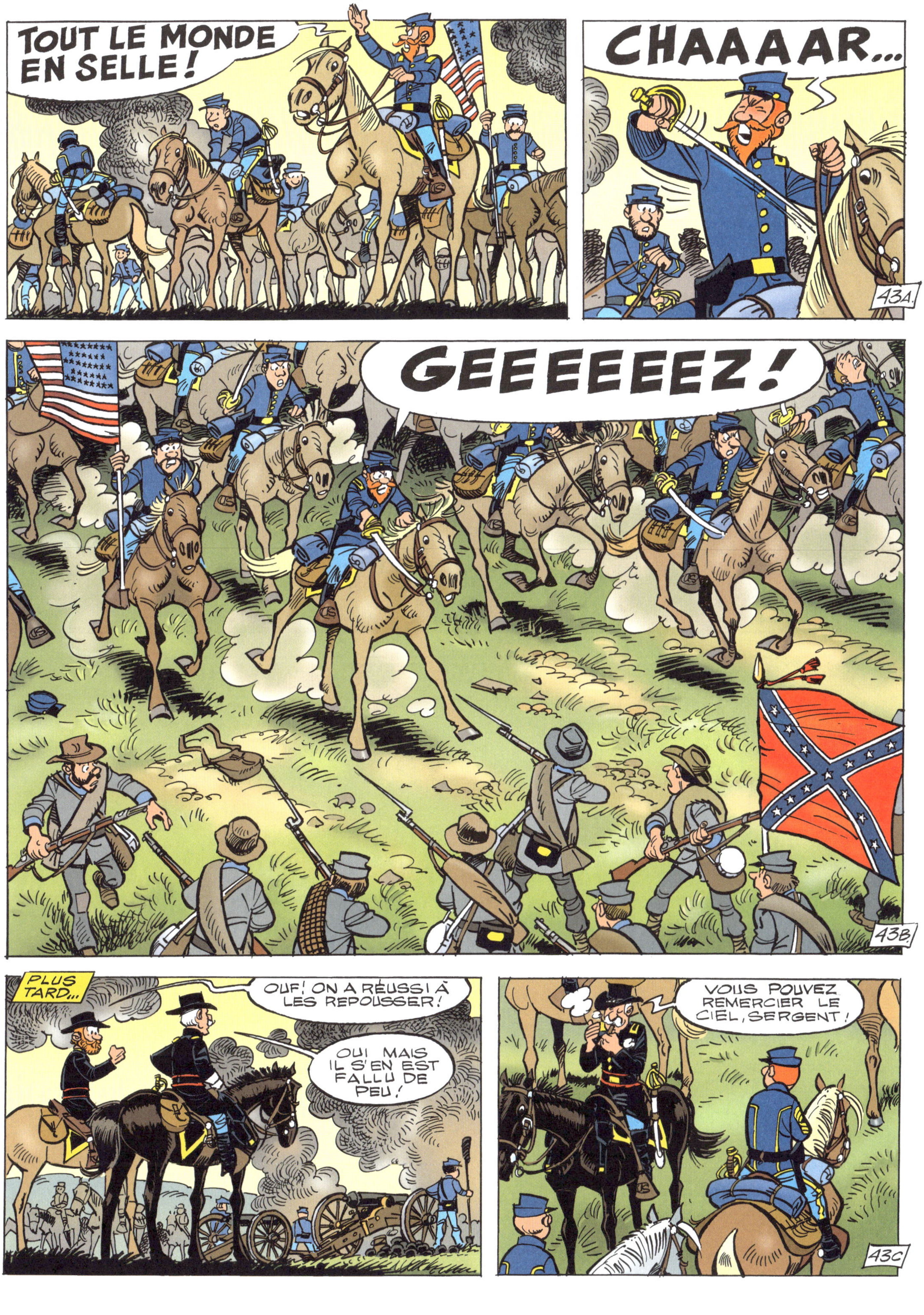

GEEEEEEZ !

43B

AMBROSE?

DÉSOLÉ, FRANK!
44A.

... T'INQUIÈTE... J'ATTENDRAI ENCORE ET ENCORE ... LE TEMPS QU'IL FAUDRA!
ENFIN! TOUT EST BIEN QUI FINIT BIEN!

AH, VOUS TROUVEZ?!

N.. NON! À VRAI DIRE, CE N'EST PAS TOUT À FAIT LA FIN QUE J'ESPÉRAIS!
DRÔLE DE GUERRE!
OUAIS, DRÔLE DE GUERRE!
FIN
LAMBIL-CAUVIN
COL: LEONARDO
MARCH 2007

Chaque semaine, c'est la même histoire :
ils se battent... pour lire SPIROU !